VENTE

PAR SUITE D'INTERDICTION

de Mademoiselle C...

SOIERIES ANCIENNES

MEUBLES — SIÈGES

Tapisseries

CATALOGUE

DES

Soieries Anciennes

BROCART, BROCATELLE, DAMAS, LAMPAS, BROCHÉS

PANNEAUX, DESSUS DE LIT, LAMBREQUINS

TENTURES

CHASUBLES, DALMATIQUES, ROBES, JUPES, |ETC.

VELOURS, BRODERIES

MEUBLES & SIÈGES

Armoires, Bonnetières, Bureaux, Canapés, Fauteuils

TAPISSERIES

ÉTOFFES VARIÉES — TAPIS D'ORIENT

DONT LA VENTE AUX ENCHÈRES PUBLIQUES AURA LIEU

Par suite d'interdiction de Mademoiselle C...

HOTEL DROUOT, SALLE N° 6

LE LUNDI 17 MARS 1913

à deux heures

COMMISSAIRE-PRISEUR	EXPERTS
Mᵉ F. LAIR-DUBREUIL	MM. PAULME & B. LASQUIN Fils
6, rue Favart	10, rue Chauchat | 11, rue Grange-Batelière

PARIS

Chez lesquels se distribue le présent Catalogue

EXPOSITION PUBLIQUE

Le Dimanche 16 Mars 1913, salle n° 6, de 1 h. 1/2 à 6 h.

CONDITIONS DE LA VENTE

Elle sera faite au comptant.

Les adjudicataires paieront *dix pour cent* en sus des enchères.

L'exposition permettant aux amateurs de se rendre
compte de l'état et de la nature des objets, aucune récla-
mation, pour quelque cause que ce soit, ne sera admise une
fois l'adjudication prononcée.

Paris. — Imp. de l'Art, Ch. Berger, 41, rue de la Victoire.

DÉSIGNATION

SOIERIES ANCIENNES
ET QUELQUES MODERNES
PANNEAUX, BANDEAUX, TAPIS
DESSUS DE LIT
TENTURES EN BROCART, BROCATELLE
DAMAS, SOIE BROCHÉE, ETC.

1 — Lot de quinze fragments de damas, brocart et soie brochée, anciens.

2 — Lot de trente-six fragments en étoffes anciennes : damas, brocart, soie brochée.

3 — Lambrequin en brocatelle jaune, orné de franges.

4 — Deux petits panneaux en soie rose lamée argent, à feuillages.

5 — Petit panneau en ancien satin rose broché.

6 — Petit panneau en satin grenat broché.

7 — Petit panneau en soie brochée vert d'eau.

Haut., 75 cent.; larg., 1 m. 95 cent.

150.—

8 — Trois petits panneaux en satin maïs : fleurs, animaux et petits personnages dans le goût chinois.

700.

9 — Dessus de lit et bandeau en ancien damas vert soutaché de galon blanc, et ornés de franges.

10 — Bandeau ou lé en damas vert.

Long., 2 m. 30 cent. environ.

11 — Bandeau de damas rouge.

Haut., 45 cent.; long., 2 m. 20 cent.

12 — Bandeau en satin jaune brodé, à petits paysages et habitations dans le goût chinois.

13 — Panneau en soie verte, à petites rayures.

Développement : 5 m. 50 cent. environ.

400.

14 — Dessus de lit et bandeau en ancien damas vert garni de franges.

Développement total : 13 m. 80 cent.

15 — Panneau de soie, à petites rayures, jaunes et roses.

Développement : 5 mètres environ.

16 — Tenture en imberline, à rayures vertes, com- *330*
   prenant neuf rideaux et cinq lambrequins.

   Développement : 52 mètres environ

17 — Onze lambrequins en damas rouge ancien.

18 — Lambrequin en damas jaune, à ramages,
   bordé d'une frange.

19 — Deux bandeaux en ancien damas jaune.

   Longueur des deux bandeaux : 13 m. 85 cent. environ.

20 — Panneau de damas jaune, à grands ramages.

   Développement : 6 mètres environ.

21 — Tapis en soie jaune brochée, orné sur deux
   coins de bouquets de fleurs en broderie au
   passé.

22 — Bandeau en brocart vieux rose et petit panneau de soie blanche moirée. Bordé d'une dentelle d'or.

23 — Deux embrasses en brocatelle, fond or.
   xviᵉ siécle.

24 — Petit panneau, en ancienne brocatelle de soie,
   fond vert. xviiᵉ siècle.

   Haut., 55 cent.; larg., 1 m. 55 cent

25 — Tour de lit en damas rouge, orné d'applica- *100.–*
   tions de broderie au passé. xviiᵉ siècle.

26 — Devant d'autel en soie brochée à fleurs et fruits, sur fond rose. XVIIᵉ siècle.

> Haut., 95 cent.; larg., 1 m. 90 cent.

27 — Tapis en soie brodée au passé, en couleurs, sur fond rose. XVIIᵉ siècle.

28 — Devant d'autel en soie blanche, décoré en broderie et applications de broderie, offrant au centre un sujet religieux. XVIIᵉ siècle.

29 — Petit panneau en brocatelle, à dessin de feuillages, fond vert. XVIIᵉ siècle.

> Haut., 1 m. 20 cent.; larg., 1 m. 60 cent.

30 — Deux panneaux en ancien damas rouge. Époque Louis XIII.

> Développement de chacun : 6 mètres environ.

31 — Bandeau en ancien damas vert, avec galons jaunes. Époque Louis XIV.

> Long., 2 m. 40 cent.

32 — Bandeau en ancien damas rouge. Époque Louis XIV.

> Développement : 3 m. 60 cent. environ.

33 — Petit panneau en ancien damas jaune. Époque Louis XIV.

> Développement : 3 m. 60 cent. environ.

34 — Panneau en damas jaune, à corbeilles fleuries. Époque Louis XIV.

> Développement : 4 mètres environ.

35 — Panneau en ancien damas jaune, à grands ramages. Époque Louis XIV.   *150.—*

> Développement : 6 m. 60 cent. environ.

36 — Panneau en ancien damas rouge, à grands ramages. Époque Louis XIV, bordé de galons.

> Développement : 7 m. 65 cent. environ.

37 — Panneau en ancien damas rouge, à très grands ramages. Époque Louis XIV.   *145*

> Développement : 9 mètres environ.

38 — Panneau en damas bouton d'or, à grands ramages. Époque Louis XIV.   *195*

> Développement : 9 m. 40 cent. environ.

39 — Panneau en ancien damas rouge, à grands ramages. Époque Louis XIV.   *130.—*

> Développement : 9 m. 20 cent. environ.

40 — Panneau en ancien damas jaune, à ramages de fleurs et vases. Époque Louis XIV.   *220*

> Développement : 14 mètres environ.

41 — Panneau en ancien damas rouge, à grosses fleurs. Époque Louis XIV. Bordé d'une frange.   *190.—*

> Développement : 11 m. 20 cent. environ.

185

42 — Panneau en ancien damas rouge, à grands ramages. Époque Louis XIV.

Développement : 10 mètres environ.

43 — Panneau en ancien damas rouge, à grands ramages. Époque Louis XIV. Bordé de franges.

Développement : 14 m. 50 cent. environ.

260.

44 — Panneau d'ancien damas rouge, à ramages. Époque Louis XIV.

Développement : 14 mètres environ.

45 — Deux panneaux en ancien damas jaune. Époque Louis XIV.

Développement : 15 m. 90 cent. environ.

315

46 — Couvre-lit en ancien damas vert, à grands ramages, bordé de franges. Époque Louis XIV.

Développement : 8 m. 40 cent. environ.

285

47 — Dessus de lit et bandeau en ancien damas rouge, à ramages. Époque Louis XIV. Bordé d'une dentelle blanche.

Développement : 13 m. 50 cent. environ.

230.

48 — Dessus de lit en ancien damas rouge, à grands ramages, bordé de franges sur trois côtés. Époque Louis XIV. Doublé de soie.

Développement : 11 m. 75 cent. environ.

49 — Couvre-lit en damas rouge, à grands ramages. *300*
Époque Louis XIV.

Développement : 13 mètres environ.

50 — Dessus de lit, fond de lit et tapis, plus un
lambrequin, développant 8 m.80 cent., environ, *170*
en ancien damas rouge, galonné de blanc et
chenillé. Époque Louis XIV.

51 — Dessus de lit, bordé sur trois côtés ; avec
volant en ancien damas rouge, à grands ramages. Époque Louis XIV.

Long., 2 m. 50 cent.; larg., 1 m. 95 cent.

52 — Couverture de lit en ancien damas rouge, à
ramages. Époque Louis XIV. Bordé d'un volant
de soie de même couleur.

Développement : 7 m. 20 cent. environ.

53 — Tenture en huit pièces, en ancien damas
rouge. Époque Louis XIV. *920*

Développement : 74 mètres environ.

54 — Petit panneau de brocart, broché à fleurs, sur
fond vert à quadrillés. Époque Régence.

55 — Deux fragments de soie brochée à fleurs, fond
bleu. Époque Louis XV.

56 — Petit tapis en soie brochée à fleurs et torsades, en couleurs sur fond mauve. Époque
Louis XV.

> Long., 1 mètre ; larg., 1 m. 10 cent.

57 — Petit panneau en soie crème brochée, à feuillages fleuris. Époque Louis XV.

> Haut., 85 cent.; larg., 1 m. 45 cent.

58 — Petit tapis carré en dauphine brochée à fleurs,
fond vert, bordé d'une dentelle d'or. Époque
Louis XV.

> Long. et larg., 95 cent.

59 — Bannière en soie brochée, décorée au centre
d'un vase en soutache. Époque Louis XV.

60 — Petit bandeau en satin vieux rose, bordé à
fleurs. Époque Louis XV.

61 — Lambrequin fond rouge, broché à fleurs, et
fond crème brodée à la chenille. Époque
Louis XV.

62 — Bandeau en brocart de soie vieux rose. Époque Louis XV. Bordé d'un galon.

> Haut., 1 m. 65 cent.; larg., 35 cent.

63 — Bandeau en satin blanc, brodé en soie de
couleurs, nacelles et fleurs. Époque Louis XV.

64 — Panneau en satin vert, broché à fleurs. Époque Louis XV.

Long., 1 m. 70 cent.; larg., 1 m. 95 cent.

65 — Panneau en soie verte, brochée à fleurs. Époque Louis XV.

Haut., 2 m. 10 cent.; larg., 1 m. 50 cent.

66 — Panneau en satin Isabelle, brochée, à bouquets de fleurs et torsades chenillées. Époque Louis XV.

Haut., 2 m. 15 cent.; larg., 3 m. 20 cent.

67 — Panneau en ancien damas rouge, à ramages, Époque Louis XV.

Développement : 10 mètres environ.

68 — Panneau en ancien damas rouge, à ramages. Époque Louis XV.

Développement : 16 m. 50 cent. environ.

69 — Panneau en ancien damas rouge. Époque Louis XV.

Développement : 8 m. 50 cent. environ.

70 — Panneau en soie brochée à fleurettes et torsades, sur fond vert. Époque Louis XV.

Long., 2 m. 10 cent.; larg., 2 m. 10 cent.

71 — Couvre-lit en ancien damas vert. Époque Louis XV.

>Développement : 9 m. 60 cent. environ.

72 — Lot de damas rouge. Époque Louis XV.

>Développement : 20 mètres environ.

73 — Petit panneau, en largeur, en soie blanche à rayures vertes, broché à fleurettes. Époque Louis XVI.

>Haut., 95 cent.; larg., 2 m. 05 cent.

74 — Tapis rectangulaire en satin bleu brodé en soie de couleur, à festons de ruban et fleurettes. Époque Louis XVI.

>Long., 1 m. 40 cent.; larg., 1 m. 45 cent.

75 — Panneau et bandeau en ancienne soie pékinée et moirée vert. Époque Louis XVI.

>Dimensions du panneau : haut., 3 m. 05 cent.;
>
>larg., 3 m. 40 cent.

76 — Panneau en ancien damas jaune, à bouquets de fleurs et nœuds de ruban. Époque Louis XVI.

>Développement : 16 mètres environ.

77 — Neuf fragments de soie brochée à fleurs fond bleu. XVIIIᵉ siècle.

78 — Bande de damas vert. XVIIIᵉ siècle.

>Long., 2 m. 40 cent.

79 — Deux bandeaux en satin vieux rose brodé à feuillages fleuris, animaux, oiseaux, insectes. xviiie siècle.

80 — Petit lambrequin en satin cerise brodé en couleurs : arbustes, petits Chinois et animaux. xviiie siècle.

81 — Cinq petits panneaux en damas jaune, à ramages fleuris. xviiie siècle.

Développant ensemble : 8 m. 70 cent. environ.

82 — Deux panneaux en ancien damas jaune : Vases de fleurs et feuillages. xviiie siècle.

Développement : 13 m. 25 cent. environ.

83 — Panneau d'ancien damas jaune, à ramages. xviiie siècle.

Développement : 7 m. 50 cent. environ.

84 — Panneau en damas rouge, à grands ramages. xviiie siècle.

Développement : 6 m. 30 cent. environ.

85 — Panneau en satin rouge broché, à ramages. xviiie siècle.

Haut., 1 m. 20 cent.; larg., 2 m. 20 cent.

86 — Dessus de lit en damas jaune, à ramages. xviiie siècle. Bordé d'un volant en soie.

Développement : 6 mètres environ.

87 — Petit tapis en brocatelle fond vert, à ramages. XVIIIe siècle.

88 — Dessus de lit en ancien damas jaune paille, à ramages de fleurs, garni de franges. XVIIIe siècle.

> Développement : 16 m. 80 cent. environ.

89 — Tenture, comprenant quatorze pièces, en lampas jaune, à dessins bis. Époque Empire.

> Développement : 76 mètres environ.

CHASUBLES, CHAPES

DALMATIQUES, JUPES, CORSAGES, ETC.

90 — Chaperon en soie blanche brodée d'or, à feuillages et fleurs, bordé de franges. XVIIe siècle.

91 — Chape en damas vert, à semis de fleurons réguliers. Commencement du XVIIe siècle.

92 — Chape en damas rouge, à petits dessins. XVIIe siècle.

93 — Dos de chasuble en satin jaune broché, à feuillages fleuris. Époque Louis XIV.

91 — Chape en ancien damas rouge, à grands ramages. Époque Louis XIV.

95 — Petite chape en satin rose broché à fleurs.
Époque Louis XIV.

96 — Tablier de Vierge en soie moirée saumon,
brochée à quadrillés et petites fleurettes. XVIIIᵉ
siècle.

97 — Chasuble en satin crème, brodé à rinceaux
de fleurs. XVIIIᵉ siècle.

98 — Dos de chasuble en damas, à fond rose.
XVIIIᵉ siècle.

99 — Dalmatique en damas rouge, galonné de blanc.
(Manque une manche.) XVIIIᵉ siècle.

100 — Deux chapes avec chaperons en soie moirée
rose, soutachée et brodée, à torsades de feuillages fleuris et petits Chinois. Époque Louis XV.

101 — Chape en soie brochée à fleurs, fond bleu.
Époque Louis XV.

102 — Chape en brocart, à fond bleu broché, en soie
de couleur et métal. Époque Louis XV.

103 — Petite chape et tablier de Vierge en brocart,
à fond crème, broché à fleurs et lamé d'or.
Époque Louis XV.

104 — Chape en ancien damas rouge, à grands ramages. Époque Louis XV.

105 — Bordure de chape et chaperon en soie blanche moirée et brodée de fleurs et feston. Époque Louis XV.

106 — Chape en brocart de soie broché et lamé. Époque Régence.

107 — Chasuble démontée et voile de calice en soie vert d'eau, brochée à fleurs. Époque Louis XV.

108 — Chasuble en brocart, à fond rose. Époque Louis XV.

109 — Deux dalmatiques et un dos de chasuble en brocart de satin bleu broché, et soie crème brochée et lamée or. Époque Louis XV.

110 — Fragments de dalmatique et chasuble en brocart, à fond crème, broché à fleurs, lamé or. Époque Louis XV.

111 — Tablier de Vierge en brocart vieil or. Époque Louis XV.

112 — Tablier de saint en brocart vieil or.

113 — Grand manteau en soie bleue, orné d'étoiles et d'une bordure à armoiries en broderie d'argent et paillettes.

114 — Jupe démontée en satin vieux rose, broché à fleurs. Époque Louis XV.

115 — Jupe démontée en soie violette, brochée blanc. Époque Louis XV.

Développement : 3 mètres environ.

116 — Grand manteau de vierge, en ancien brocart, à fond rose broché et lamé de métal. Époque Louis XV.

117 — Robe de vierge, comprenant un devant de robe, un devant de corsage orné de pierreries, un mantelet et quatre manches, en satin blanc brodé de soie, au passé, à fleurs, et ornements : arabesques, rocailles et fleurs en métal. Époque Louis XV.

118 — Corsage en dauphine brochée à fleurs, fond jaune. Époque Louis XV.

119 — Mantelet en brocart broché à fleurs et fruits sur fond or.

120 — Chasuble et voile de calice en satin bleu uni.

121 — Chasuble en soie verte moirée brochée à petits bouquets de fleurs et papillons. Époque Louis XVI.

122 — Chasuble en soie verte à rayures blanches, brochée à petites fleurs et oiseaux. Époque Louis XVI.

123 — Jupe en soie bleue, pékinée et brochée. Époque Louis XVI.

124 — Jupe en soie brochée à fleurettes et rayures satinées, roses. Époque Louis XVI.

125 — Gilet en satin blanc brodé à fleurs et paillettes. Époque Louis XVI.

126 — Gilet en satin blanc brodé à fleurs en soies de couleur. Époque Louis XVI.

127 — Jupe en batiste brodée à fleurs et paillettes. Époque Empire.

128 — Robe démontée en taffetas gris brodé à fleurs et bordure à feuillages fleuris et paillettes. Époque Empire.

VELOURS

129 — Huit bandes en ancien velours rouge, du XVIᵉ siècle.

130 — Deux bandeaux en velours bleu, brodé d'argent à rinceaux. XVIIᵉ siècle.

131 — Tapis en velours rouge brodé, et bordé de franges. Époque Louis XIV.

132 — Dessus de selle, en velours rouge, orné d'une bordure brodée d'or.

133 — Morceau de velours bleu.

134 — Vingt petits fragments d'ancien velours, de nuances variées.

135 — Petit tapis en velours rouge, avec appliques de ruban jaune disposé en grecques.

136 — Quatre fragments de velours rouge provenant d'ornements.

DIVERS

BRODERIES, FILETS, ETC.

ÉTOFFES EN TISSUS DIVERS

137 — Six piéces : devant d'autel, tapis, etc., en filets et fils tirés anciens. XVIIe siècle. (Seront divisées.)

138 — Petit panneau en toile brodée au passé en laines de couleurs, sur fond perlé, offrant une guirlande et rinceaux feuillagés et fleuris. Époque Louis XIII.

Haut., 73 cent.; larg., 75 cent.

139 — Deux fragments en soie pékinée à fond rose, brodée d'argent et bordés de dentelle d'argent.

140 — Petite bande en soie fond vert brodée d'argent.

141 — Deux bandes en broderie au point de Hongrie.

142 — Bande en toile, brodée de soie de couleur. Travail oriental.

143 — Onze fragments en ancienne toile de Jouy, décors et époques variés.

144 — Voile de Gênes en toile, décor de fleurs et bordure.

145 — Petit lot de broderies variées.

MEUBLES ET SIÈGES

146 — Buffet à deux corps, ouvrant à quatre portes et deux tiroirs, à colonnettes et consoles, en noyer mouluré et sculpté. En partie du xvie siècle.

147 — Buffet à deux corps, ouvrant à quatre portes et quatre tiroirs, en noyer mouluré. xviie siècle.

148 — Deux fauteuils cannés, en bois sculpté ciré, coquilles et feuillages ; et croisillons réunissant les pieds. Époque Louis XIV.

149 — Table à jeu en bois sculpté ciré, avec incrustations de filets. xviiie siècle.

150 — Armoire, ouvrant à deux portes pleines, en chêne mouluré. xviiie siècle.

151 — Armoire, ouvrant à deux portes, en partie vitrées, en chêne sculpté. xviiie siècle.

152 — Table-console, à pieds cambrés, en bois sculpté ciré, munie de deux tiroirs. xviiie siècle.

153 — Bonnetière en bois sculpté, ouvrant à une porte en partie vitrée. Époque Louis XV.

154 — Deux chaises cannées, en bois sculpté ciré, décor de feuillages et fleurettes. Époque Louis XV.

155 — Canapé canné, en bois mouluré sculpté. Époque Louis XV. Il est muni d'un coussin en ancien damas rouge.

156 — Bois de fauteuil mouluré. Époque Louis XV.

157 — Table-bureau-plat, à quatre pieds carrés, munie de cinq tiroirs, en acajou moucheté, orné de moulures en cuivre. Dessus de maroquin. Époque Louis XVI.

Long., 1 m. 30 cent.

158 — Petite table-bureau en acajou, à baguettes et canaux de cuivre. Époque Louis XVI.

> Long., 92 cent.

159 — Chaise en bois mouluré, sculpté et ciré, à décor de rosaces. Époque Louis XVI. Recouverte d'ancien velours d'Utrecht.

160 — Chaise à dossier-colonnettes en bois sculpté ciré. Genre Louis XVI. Le siège recouvert d'ancienne soie brochée, à fond bleu.

161 — Fauteuil à dossier-médaillon en bois mouluré sculpté à fleurettes. Recouvert d'une étoffe granitée avec applications de fleurs en broderie.

TAPISSERIES

TAPIS D'ORIENT

162 — Cinq fragments de tapisserie-verdure ou de bordures. Des Flandres, XVIe et XVIIe siècles.

163 — Panneau en ancienne tapisserie flamande, du XVIIe siècle, présentant dans un paysage, avec habitations dans le fond, une chasse au sanglier; composition animée de plusieurs figures.

> Haut., 1 m. 70 ; larg., 2 m. 55 cent.

164 — Tapisserie incomplète, flamande, du xvii^e
siècle, présentant un paysage avec perroquet
perché sur un arbre. Large bordure d'encadrement sur trois côtés : guirlandes et chutes
de fruits, enfants nus, cartouches, etc. A la base,
petite bordure.

> Haut., 2 m. 30 cent.; larg., 3 m. 70 cent.

165 — Panneau d'ancienne tapisserie-verdure des
Flandres, du xviie siècle : paysage sous bois,
avec étangs au premier plan. Fond de collines.

> Haut., 2 m. 20 cent.; larg., 2 m. 70 cent.

166 — Petit panneau rectangulaire en ancienne
tapisserie au point, offrant, au centre, une
rosace. Encadrement d'arabesques feuillagées
sur fond noir. Époque Louis XIV.

> Haut., 85 cent.; larg., 70 cent.

167 — Petit panneau en ancienne tapisserie au point
et au petit point, offrant, au centre, une gerbe
de fleurs encadrée de rinceaux de feuillages.
Époque Louis XIV.

> Haut., 80 cent.; larg., 65 cent.

168 — Tapisserie d'Aubusson, du temps de
Louis XV, présentant, dans un paysage oriental
avec habitations et ruines, une chasse au lion.
Bordure d'encadrement simulant un cadre.

> Haut , 2 mètres; larg., 2 m. 70 cent.

169 — Autre tapisserie, de même fabrique et même époque, faisant suite, présentant dans un paysage une chasse au cerf. Bordure d'encadrement simulant un cadre.

Haut., 2 mètres, larg., 2 m. 30 cent.

170 — Trois pièces, dont deux pour sièges, en ancienne tapisserie au point.

171 — Bande d'ancienne tapisserie au point, cordons de feuillages fleuris sur fond crème.

172 — Quatre petits panneaux en ancienne tapisserie au point; ramages de fleurs sur fond noir.

Haut., 70 cent.; larg., 70 cent.

173 — Carpette d'Orient, à semis de motifs réguliers sur fond bleu. Bordures blanche et rouge.

Long., 1 m. 95 cent.; larg., 1 m. 5 cent.

174 — Petite carpette d'Orient à fond bleu, losange fond rouge au centre. Bordure incomplète.

Long., 90 cent.; larg., 75 cent.

175 — Deux portières en karamanie.

176 — Objets omis.

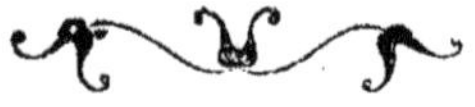